Vente des 23 et 24 Avril

(SALLES SILVESTRE)

CATALOGUE

DE BEAUX

LIVRES MODERNES

ILLUSTRÉS

ET DE

SUITES DE FIGURES

COMPOSANT

LA BIBLIOTHÈQUE DE M. B***

PARIS

LABITTE, ÉM. PAUL ET Cⁱᵉ

LIBRAIRES DE LA BIBLIOTHÈQUE NATIONALE

4, RUE DE LILLE, 4

SUCCURSALE ET SALLES DE VENTES AUX ENCHÈRES

28, rue des Bons-Enfants (Ancienne Maison Silvestre)

1889

LA VENTE AURA LIEU

Le Mardi 23 et Mercredi 24 Avril 1889

à sept heures et demie du soir

A LA SUCCURSALE DE LA LIBRAIRIE LABITTE, ÉM. PAUL ET Cⁱᵉ

28, rue des Bons-Enfants (Ancienne Maison Silvestre)

SALLE Nº 1

Par le Ministère de Mᵉ **MAURICE DELESTRE**, Commissaire-Priseur

27, RUE DROUOT

Assisté de **M. ÉMILE PAUL**, libraire-expert

4, RUE DE LILLE

———

ORDRE DES VACATIONS

Numéros.

PREMIÈRE VACATION. — *Mardi* 23 *Avril* 1889.

Livres illustrés et ouvrages divers. — Suites de figures.　62 à 226

DEUXIÈME VACATION. — *Mercredi* 24 *Avril* 1889.

Suites de figures . . . . 227 à 327
Livres illustrés . . . . 1 à 61

———

CONDITIONS DE LA VENTE

La vente se fait expressément au comptant.

Les acquéreurs payeront 5 p. 100 en sus des enchères, applicables aux frais.

Il y aura exposition chaque jour de vente, de 2 à 4 heures, des livres qui seront vendus le soir.

Les livres devront être collationnés dans les vingt-quatre heures de l'adjudication. Passé ce délai, ou une fois sortis de la salle de vente, ils ne seront repris pour aucune cause.

M. ÉMILE PAUL, chargé de la vente, remplira les commissions des personnes qui ne pourraient y assister.

CATALOGUE

DE

BEAUX LIVRES

MODERNES

ET DE

SUITES DE FIGURES

COMPOSANT

LA BIBLIOTHÈQUE DE M. B***

LIVRES ILLUSTRÉS DU XIX° SIÈCLE

ET OUVRAGES DIVERS

1. ALBUM de la Marmite. *Paris, Baschet*, 1880, in-8, fig. en feuilles.

    Exemplaire sur PAPIER DU JAPON.

2. ALBUMS de spécimens typographiques. — Réunion de 6 vol. in-8 et in-4, cart. et rel.

3. ANÉMONE (l'). Annales romantiques. Souvenirs de littérature contemporaine. Orné de 7 vignettes anglaises. *Paris, Janet, s. d.* in-12, fig. demi-rel. v. f. dos orné, tr. dor. (*Hardy.*)

    Recueil contenant environ 45 pièces en vers et en prose par Émile Deschamps, Victor Hugo, Méry, H. Moreau, E. Souvestre, etc.

4. ANNALES romantiques. Recueil de morceaux choisis. *Paris, Urbain Canel et Janet*, 1825-1830, 5 vol. in-12, fig. demi-rel. v. bleu, dos orné, tr. marb. (*Duplanil.*)

M. B.   1

5. ASSOCIATION (une) d'imprimeurs et de libraires de Paris, réfugiés à Tours au XVI° siècle. *Tours*, 1877, in-8, br.

> Tiré à très petit nombre.

6. AUDOT. L'Italie, la Sicile, les îles Éoliennes, etc. d'après les inspirations, les recherches et les travaux de Chateaubriand, Lamartine, Napoléon, lord Byron, Gœthe, etc. *Paris, Audot*, 1835-36, 4 vol. in-8, fig. demi-rel. bas. verte.

7. AVENTURES (les) du chevalier Jaufre et de la belle Brunissende, traduites par Mary Lafon, illustrées de 20 belles gravures dessinées par G. Doré. *Paris, Librairie nouvelle*, 1856, in-8, fig. sur bois, demi-rel. mar. r. avec coins, dos orné, fil. tête dor. ébarbé.

8. BALZAC. La Peau de chagrin. Études sociales. *Paris, Delloye et Lecou*, 1838, gr. in-8, vign. dans le texte, demi-rel. chag. brun.

> PREMIER TIRAGE.

9. — Petites Misères de la vie conjugale, illustrées par Bertall. *Paris, Chlendowski, s. d.* (1845), gr. in-8, vign. et fig. sur bois, br. couverture illustrée.

> Bel exemplaire.

10. BARTHÉLEMY. Némésis, satire hebdomadaire. Septième édition conforme au texte original. *Paris, Perrotin*, 1845, in-8, portr. par T. Johannot, fig. sur acier, demi-rel. mar. r. dos orné, tr. dor.

> Manque la figure représentant Némésis.

11. — Nouvelle Némésis, satires. *Paris, Lallemand-Lépine*, 1845, in-8, demi-rel. mar. r. avec coins, tête dor. ébarbé.

12. — Le Zodiaque, satire. *Paris, Lallemand-Lépine*, 1846-1847, 2 tomes en 1 vol. in-8, demi-rel. mar. r. avec coins, tête dor. ébarbé.

13. BEATTIE. La Suisse pittoresque, ornée de vues dessinées spécialement pour cet ouvrage par W. H. Bartlett. Traduit de l'anglais par L. de Bauclas. *Londres et Paris, Virtue*, 1836, 2 vol. in-4, fig. sur acier, carte, cart. perc. brune, tr. dor.

14. — Les Vallées vaudoises pittoresques ou Vallées protestantes du Piémont, du Dauphiné et du Ban de la Roche. Orné de gravures par W. H. Bartlett et W. Brockedon. Traduit de l'anglais par L. de Bauclas. *Londres, Virtue*, 1838, in-4, portr. fig. sur acier, carte, demi-rel. chag. vert, plats perc. verte, tr. dor.

15. BEATTIE. Le même ouvrage, la même édition, cart. perc. noire, fers spéciaux, tr. dor.

16. — The Danube, its history, scenery and topography, splendidly illustrated by W. H. Bartlett. *London, Virtue*, 1842, in-4, fig. sur acier, carte, demi-rel. chag. violet, plats perc. violette, tr. dor.

17. BIBLE (la Sainte). Traduction de Lemaistre de Sacy accompagnée du texte latin de la Vulgate. Nouvelle édition revue par M. l'abbé Jacquet et illustrée de nombreuses gravures sur acier. *Paris, Garnier*, 1867-68, 6 vol. gr. in-4, fig. br.

Exemplaire en GRAND PAPIER, figures AVANT LA LETTRE.

18. BLANC (Ch.). Histoire des Peintres de toutes les Écoles. *Paris, Renouard*, 1868-69, 2 vol. in-4, fig. cart. et rel.

Livraisons 454 à 500 : École italienne. — École espagnole.

19. BOURASSÉ. Les plus belles cathédrales de France. *Tours, Mame*, 1869, in-8, fig. br.

20. BURGER. Aventures du baron de Munchhausen. Traduction nouvelle par Théophile Gautier fils, illustrées par G. Doré. *Paris, Furne, s. d.* (1862), in-4, fig. hors texte et vign. sur bois, demi-rel. chag. r. dos orné, tête dor. ébarbé.

PREMIÈRE ÉDITION.
On a ajouté 8 lithographies en couleur, montées sur onglets, tirées d'une édition allemande.

21. BYRON (lord). Œuvres. Quatrième édition, précédée d'une étude par M. Ch. Nodier. *Paris, Ladvocat*, 1823-25, 8 vol. in-8, portr. et fig. br.

Exemplaire en GRAND PAPIER, avec les figures en 2 états : sur CHINE et les EAUX-FORTES.

22. CARNE. La Syrie, la Terre Sainte, l'Asie-Mineure, etc., illustrées. Une série de vues dessinées d'après nature par W.-H. Bartlett, W. Purser. Traduit de l'anglais par A. Sosson. *Londres et Paris, Fischer*, 1836, 3 vol. in-4, fig. sur acier, carte, demi-rel. v. bleu, avec coins, fil.

23. CATALOGUES de livres : Bibliothèque de M. Victor Saint-M*** (Mauris). — Bibliothèque de feu M. Ant.-Aug. Renouard. — *Paris, Potier*, 1848-54. — Ens. 2 catalogues in-8, demi-rel. chag. La Vall. tr. marb.

Le premier catalogue a les prix d'adjudication et les noms des acquéreurs.

24. CERVANTÈS. Le Don Quichotte traduit de l'espagnol par M. Bouchon-Dubournial. Nouvelle édition, revue, corrigée, ornée de 12 gravures et de la carte du voyage. *Paris, Méquignon-Marvis*, 1822, 4 vol. in-8, fig. par H. Vernet, E. Lami, etc., carte, demi-rel. v. f. ébarbé.

Exemplaire en PAPIER VÉLIN avec les figures AVANT LA LETTRE.

25. CHANTS ET CHANSONS POPULAIRES DE LA FRANCE. *Paris, Delloye*, 1843, 3 vol. in-8, front. fig. et musique, demi-rel. mar. r. avec coins, dos orné, fil. tête dor. ébarbé. (*Hardy.*)

Bel exemplaire du PREMIER TIRAGE, auquel on a ajouté les volumes suivants : Chansons populaires des provinces de France. Notices par Champfleury, accompagnement de piano de J.-B. Wekerlin. *Paris, Bourdilliat.* 1860, in-8, fig. — Chants et chansons populaires des provinces de l'Ouest, avec les airs originaux recueillis et annotés par Jérôme Bujeaud. *Niort, Clouzot*, 1866, 2 vol. in-8. — Album auvergnat. Bourrées montagnardes, chansons, noëls et poèmes en patois d'Auvergne. Par J.-B. Bouillet. *Moulins, Desrosiers, s. d.* in-8, fig.
Reliure uniforme.

26. — populaires du Languedoc, publiés sous la direction de MM. A. Montel et Louis Lambert, avec la musique notée. *Paris, Maisonneuve*, 1880, in-8, demi-rel. chag. vert, tête dor. non rog.

27. CHATEAUBRIAND. Œuvres complètes. Nouvelle édition... précédée d'une étude par M. Sainte-Beuve. *Paris, Garnier, s. d.* 12 vol. in-8, portr. et fig. br.

28. CHEVIGNÉ (comte de). Les Contes Rémois. Édition miniature. *Épernay, Bonnedame*, 1875, in-32, portr. pap. vergé, br.

29. CLAUDE, chef de la police de sûreté sous le second Empire. Mémoires. *Paris, Rouff*, 1881, 10 vol. in-12, br.

30. COLLECTION elzevirienne. *Paris, Liseux*, 1876-1879, 19 vol. in-18, br.

Passevent parisien. — Un vieillard doit-il se marier? — Socrate et l'amour grec. — Les Regrets de Du Bellay. — Les Pancharis de Bonnefons. — Epistres d'Aristenet. — Décaméron, 6 vol. — Facéties de Pogge (2ᵉ édition), 2 vol. — Point de lendemain. — La Nuit et le Moment. — Contes de Voisenon. — Jehan de Brie. — Le bon berger. — Advis pour dresser une bibliothèque.

31. COPPÉE. Les Mois, compositions de H. Giacomelli. *Paris, s. d.* in-fol. 12 pl. en photochromie, montées sur onglets, cart. perc. r. de l'éditeur, tr. dor.

32. CORNEILLE. Œuvres complètes. *Paris, Chaix*, 1864, 7 vol.
in-8, br.
  De la *Bibliothèque universelle des familles.*

33. COSTER (Ch. de). Contes Brabançons. *Paris, Michel Lévy,*
1861, in-8, fig. sur bois, demi-rel. mar. vert avec coins, dos
orné, tête dor. ébarbé.

34. DANTE Alighieri. L'Enfer, avec les dessins de G. Doré.
Traduction française de Pier-Angelo Fiorentino, accompagnée du texte italien. *Paris, Hachette*, 1877, in-fol. portr.
fig. cart. perc. r. ébarbé.

35. — Le Purgatoire (et le Paradis), avec les dessins de G.
Doré. Traduction française de Pier-Angelo Fiorentino,
accompagnée du texte italien. *Paris, Hachette*, 1872, 2 tomes
en 1 vol. in-fol. fig. cart. perc. r. de l'éditeur, ébarbé.

36. DAUDET (A.). Aventures prodigieuses de Tartarin de Ta-
rascon. *Paris, Dentu*, 1887, in-8, fig. br.

37. — Tartarin sur les Alpes. Édition du Figaro. *Paris, Cal-
mann Lévy*, 1885, in-8, fig. noires et en couleur, cart. perc.
dos de bas. noire, tête dor. ébarbé, couverture.

38. — Les Cigognes, légende rhénane, rêvée et dessinée
par G. Jundt et racontée aux tout petits. *Paris, s. d.* in-4,
titre et pl. br.
  Exemplaire sur PAPIER DU JAPON.

39. DAVILLIER (Ch.). L'Espagne, illustrée de 309 gravures dessinées par Doré. *Paris, Hachette*, 1874, in-4, fig. cart. fers
spéciaux, tr. dor.

40. DELAVIGNE (Casimir). Œuvres complètes. *Paris, Didier*,
1854, 6 vol. in-8, portr. br.

41. DELILLE. Œuvres, précédées d'une étude sur sa vie et ses
ouvrages par P.-F. Tissot. *Paris, Furne*, 1832-33, 10 vol.
in-8, portr. et fig. demi-rel. v. f. non rog.

42. DEMOUSTIER. LETTRES A ÉMILIE SUR LA MYTHOLOGIE. *Paris,
Renouard*, 1809, 6 vol. in-8, portr. fig. par Moreau, br.
  Exemplaire sur PAPIER VÉLIN, avec les figures AVANT LA LETTRE.

43. DESBORDES-VALMORE (Mme) : Poésies. *Paris, Boulland*, 1830,

2 vol. in-8, fig. v. bleu, dent. à fr. — Pauvres Fleurs.
Paris, Dumont, 1839, in-8, br. — Ens. 3 vol.

> Le premier ouvrage est en ÉDITION ORIGINALE.
> Fortes taches d'humidité.

44. DIABLE (le) à Paris. Paris et les Parisiens. Texte par
G. Sand, Soulié, Nodier, Musset, Feuillet, etc. Illustrations
de Gavarni. *Paris, Hetzel*, 1845-46, 2 vol. in-8, fig. pl. hors
texte, demi-rel. mar. r. avec coins, dos orné, fil. tête dor.
non rog.

> PREMIÈRE ÉDITION.

45. DOMET et FRÉMIN. Atlas des départements de la France,
dressé d'après la carte de l'État-Major... *Paris, Gaultier, s. d.*
in-fol. cartes en couleur, montées sur onglets, demi-rel.
chag. vert, plats toile, non rog.

46. DOVALLE (Ch.). Le Sylphe. Poésies, précédées d'une notice
par M. Louvet, et d'une préface par Victor Hugo. *Paris,
Ladvocat*, 1830, in-8, br.

> Mouillures.

47. DROZ. Monsieur, Madame et Bébé. Édition illustrée par
Ed. Morin et orné d'un portrait de l'auteur au frontispice
gravé par L. Flameng. *Paris, Havard*, 1878, gr. in-8, portr.
vign. br. couverture illustrée.

48. DUCHESNE aîné. MUSÉE DE PEINTURE ET DE SCULPTURE, ou
recueil des principaux tableaux, statues et bas-reliefs des
collections publiques de l'Europe, dessinées et gravé à l'eau-
forte par Réveil avec des notices en français et en anglais.
Paris, Audot, 1829-34, 19 vol. — Loges du Vatican; Les
Amours de Psyché et les Amours des Dieux; L'Empereur
Napoléon. Tableaux et récits, 2 vol.; Le Musée de Versailles, gravés par Réveil. *Paris, Audot*, 1832-37, 5 vol.
— Galerie des artistes anglais depuis Hogarth jusqu'à nos
jours, par G. Hamilton. *Paris, Baudry*, 1837-39, 4 vol. —
Ens. 28 vol. pet. in-8, fig. mar. r. dos orné, fil. dent. int.
tr. dor. (*Hardy.*)

> Quelques portraits de peintres ont été ajoutés.

49. DUCIS. OEuvres. *Paris, Nepveu*, 1813, 3 vol. in-8, portr. et
fig. cart. non rog.

> Exemplaire sur PAPIER VÉLIN, figures AVANT LA LETTRE.

50. Ducrot. La Défense de Paris (1870-71). *Paris, Dentu,*
1875-76, 2 vol. in-8, cartes, br.

51. Dupont (Paul). Histoire de l'Imprimerie. *Paris, 1854,*
2 vol. gr. in-8, texte encadré d'un fil. d'or, en feuilles.

52. Duval (Georges). Les Orphelins d'Amsterdam, histoire
hollandaise. Dessins de Henri Pille. *Paris, Giraud, s. d.*
in-4, fig. br.

53. Elmes (James). Metropolitan improvements, or London
in the nineteenth century, being a series of views of the
most interesting objects in the british metropolis and its
vicinity from original drawings by M. Th. Schepherd.
London, 1827, in-4, fig. sur acier, demi-rel. mar. violet à
long grain avec coins, fil.

54. Épître à Augustine, suivie du commentaire de dom Ma-
nutius Balbinus occidentalis. *S. l.* 1852, in-16 de 32 pp.
titre et vign. en couleur, mar. r. dos orné, fil. dent. int.
tr. dor. (*Hardy.*)

   Facétie en vers monorimes suivie d'un commentaire élogieux en
prose. Elle n'a été imprimée qu'à 5 exemplaires dont 2 pour le dépôt
légal.

55. Estienne (Henri). Apologie pour Hérodote. Satire de la
société au xvi⁰ siècle. Nouvelle édition faite sur la première
et augmentée de remarques, par P. Ristelhuber, avec trois
tables. *Paris, Liseux,* 1879, 2 vol. pet. in-8, pap. de Hollande, br.

56. Évangiles des dimanches et fêtes. Illustrés par Barbat
père et fils. *Châlons-sur-Marne, Barbat,* 1844, in-4, texte
imprimé et entouré d'encadrements en or, argent et couleurs, mar. r. dos orné, large dent. dent. int. tr. dor.
(*Hardy.*)

57. — Des dimanches et fêtes de l'année, suivis de prières à
la sainte Vierge et aux Saints. Texte revu par M. l'abbé
Delaunay. *Paris, Curmer, s. d.* 3 vol. in-8, texte encadré et
planches en couleurs, en feuilles dans 2 cartons.

   Très belles reproductions en chromolithographie d'anciennes minia-
tures.

58. Eyriès (Gust.). Les Châteaux historiques de la France.
Accompagné d'eaux-fortes tirées à part et dans le texte,
gravées sous la direction de M. Eugène Sadoux. *Paris et*

Poitiers, Oudin, 1877-1879, 2 vol. in-4, fig. et vign. sur chine, demi-rel. mar. r. avec coins, dos orné, fil. tête dor. ébarbé.

59. FÉNELON. Aventures de Télémaque. *Paris, Lefebvre*, 1853, 2 vol. in-8, br.

Exemplaire en PAPIER DE HOLLANDE.

60. FIERABRAS. Légende nationale traduite par Mary Lafon et illustrée de douze belles gravures dessinées par G. Doré. *Paris, Librairie nouvelle*, 1857, gr. in-8, fig. demi-rel. mar. r. avec coins, dos orné, fil. tête dor. ébarbé.

61. FOUCQUET (Jehan). OEuvre. *Paris, Curmer*, 1866, 2 vol. in-8, texte encadré et chromos en or et couleurs, en feuilles dans des cartons.

Reproduction en fac-similé du manuscrit de Foucquet : *Heures de maistre Etienne Chevalier*.

62. GALIBERT et PELLÉ. L'Empire ottoman illustré. Constantinople ancienne et moderne, comprenant aussi les Sept Eglises de l'Asie-Mineure. Illustrés d'après les dessins pris sur les lieux par Th. Allom, précédés d'un essai historique et de la description des monuments. *Londres et Paris, Fisher, s. d.* 3 vol. in-4, fig. sur acier, carte, cart. perc. r. tr. dor.

63. GALLAND. Les Mille et une Nuits, contes arabes traduits en français. Nouvelle édition par M. Destains, notice par Ch. Nodier. *Paris, Gaillot*, 1822-25, 6 vol. in-8, fig. br.

Exemplaire avec les figures AVANT LA LETTRE, sur CHINE. Taches d'humidité.

64. GAUTIER (Théophile). Le Capitaine Fracasse, illustré de 60 dessins de Gustave Doré. *Paris, Charpentier*, 1866, in-8, fig. br.

65. GAVARNI : OEuvres choisies. Avec des notices en tête de chaque série par MM. Th. Gautier, Laurent-Jan, Gozlan, Stahl, etc. *Paris, Hetzel*, 1846-48, 4 vol. — Les Gens de Paris. *Paris, Hetzel*, 1846, 2 vol. — Les Toquades, illustrées par Gavarni. Études de mœurs, par Ch. de Bussy. *Paris, Martinon, s. d.* — Ens. 7 vol. in-8, fig. demi-rel. mar. citron, dos orné, tr. marb.

66. GIRAUDET. Histoire de la ville de Tours. *Tours*, 1873, 2 vol. in-8, br.

7. GŒTHE. Le Renard (Reineke Fuchs), traduit par Ed. Grenier. *Paris, Hetzel, s. d.* in-8, fig. demi-rel. mar. r. avec coins, dos orné, fil. tête dor. ébarbé.

On a ajouté 4 portraits de Gœthe et 2 suites, allemande et anglaise, de 37 et 13 gravures.

68. GOLDSMITH. Le Vicaire de Wakefield, traduit en français avec le texte anglais en regard, par Ch. Nodier. *Paris, Bourgueleret,* 1838, in-8, fig. de T. Johannot, demi-rel. mar. vert avec coins, dos orné, fil. tête dor. non rog.

On a ajouté 4 portraits et 8 vignettes anglaises extraits de diverses éditions.

69. GRANDVILLE. Petites Misères de la vie humaine. *Paris, Fournier,* 1843, in-8, front. fig. vign. sur bois, demi-rel. mar. orange, dos orné, tr. dor.

PREMIER TIRAGE.

70. — Un autre monde. *Paris, Fournier,* 1844, in-8, fig. et pl. en couleur, demi-rel. mar. r. avec coins, tête dor. non rog.

On a ajouté 2 portraits de Grandville.

71. — Cent Proverbes, par... (trois têtes sous un bonnet). *Paris, Fournier,* 1845, in-8, fig. vign. sur bois, br. couverture illustrée.

PREMIÈRE ÉDITION.

72. — Les Métamorphoses du jour, accompagnées d'un texte par MM. A. Second, L. Lurine, C. Caraguel, etc., précédées d'une notice par M. Ch. Blanc. Nouvelle édition revue et complétée par M. J. Janin. *Paris, Garnier,* 1869, gr. in-8, front. fig. en couleur, vign. en noir, br.

On a ajouté 1 portrait sur acier par Geoffroy, et 5 planches tirées de l'édition d'*Aubert.*

73. GRESSET. Œuvres choisies, précédées d'un essai sur sa vie et ses écrits, par M. Campenon. *Paris, Janet et Cotelle,* 1823, in-8, br.

Exemplaire sur GRAND PAPIER VÉLIN.

74. GRIMOUARD DE SAINT-LAURENT. Guide de l'Art chrétien. Études d'esthétique et d'iconographie. *Paris, Didron,* 1872-75, 6 vol. in-8, fig. br.

75. HATIN (Eug.). Théophraste Renaudot et ses « Innocentes Inventions ». *Poitiers, Oudin,* 1883, in-8, portr. en fac-similé, br.

76. HEILLY (G. d'). Dictionnaire des Pseudonymes. Deuxième édition. *Paris, Dentu*, 1869. — Ch. Joliet. Les Pseudonymes du jour. *Paris, Faure*, 1867. — Loredan Larchey. Dictionnaire étymologique des noms. *Paris*, 1880. — Ens. 3 vol. in-12, demi-rel. chag. vert.

77. HISTOIRE métallique des grands événements du siècle. — Réunion de 4 vol. in-4, fig. br.

Millin et Millingen. Histoire métallique de Napoléon. *Paris*, 1854. — Souvenirs numismatiques de la Révolution de 48 (par J. Rousseau). *Paris, s. d.* — Description des médailles et plombs publiés à Reims pendant la Révolution de 48. *Reims*, 1850. — Souvenirs numismatiques de la Révolution française (1870-71). *Bruxelles*, 1872.

78. HOFF. Les Grandes Manœuvres. Illustrations par Édouard Detaille. *Paris, Boussod, Valadon*, 1884, in-fol. fig. en phototypogr. br.

79. HOFFMANN. Contes fantastiques. Traduction nouvelle, précédée de Souvenirs intimes sur la vie de l'auteur, par P. Christian. Illustrés par Gavarni. *Paris, Lavigne*, 1843, in-8, fig. et vign. sur bois dans le texte, demi-rel. mar. r. dos orné, tr. dor.

Bel exemplaire.
On a ajouté un portrait par H. Dupont.

80. HOLBEIN. La Danse des morts, gravée sur pierre par J. Schlotthauer expliquée par H. Fortoul. *Paris, J. Labitte*, s. d. in-16, mar. La Vall. comp. et fil. à fr. dent. int. tr. dor. (*Hardy.*)

On a joint : le Triomphe de la mort, gravé d'après les dessins originaux de H. Holbein, par Ch. de Mechel. *Basle*, 1780, titre et 46 pl.

81. HORATII Flacci Opera omnia recensuit Filon. *Parisiis, Mesnier*, 1828, in-64, cart. non rog.

Jolie édition imprimée en caractères microscopiques.
Exemplaire sur GRAND PAPIER.

82. — Flacci Opera, cum novo commentario ad modum J. Bond (auctore Fr. Dübner). *Parisiis, Firmin Didot*, 1855, in-12, titre gr. front. texte entouré d'un fil. r. fig. en photogr. vign. gr. cart. perc. verte, ébarbé.

83. HUGO (Victor). NOTRE-DAME DE PARIS. Édition illustrée. *Paris, Perrotin*, 1844, in-8, front. fig. et pl. hors texte, demi-rel. mar. bleu avec coins, dos orné, fil. tête dor. ébarbé.

Exemplaire du PREMIER TIRAGE, sans la *Cathédrale* et sans la *Chauve-Souris* sur le titre, auquel on a ajouté trois portraits de Victor Hugo.

84. JANIN (Jules) : La Bretagne. — La Normandie. — *Paris, Bourdin*, 1862. — Ens. 2 vol. in-8, front. fig. portr. cart. non rog.

85. KALIDASA. Sakoontala, or the lost ring, an Indian drama translated into english prose and verse from the sanskrit by Monier Williams, M. A. *Hertford, Stephen Austin*, 1855, pet. in-4, front. fig. sur bois, cart. perc. r. fers de l'éditeur, tr. dor.

   Jolie édition bien imprimée; le texte est entouré de bordures variées en chromolithographie dans le goût oriental.

86. KEEPSAKE français (Paris-Londres). Nouvelles inédites illustrées de vignettes gravées à Londres par les meilleurs artistes. *Paris, Delloye*, 1837-42, 5 vol. in-8, front. et fig. demi-rel. chag. vert, dos orné, tr. dor.

87. LA BÉDOLLIÈRE. Londres et les Anglais, illustrés par Gavarni. *Paris, Barba*, s. d. (1862), in-4, portr. fig. sur bois, demi-rel. mar. r.

88. LACROIX (Paul). Moyen âge et Renaissance. *Paris, Didot*, 1871-77, 4 vol. gr. in-8, chromolithog. et fig. demi-rel. mar. r. avec coins, dos orné, fil. tête dor. ébarbé.

   Mœurs, usages et costumes. — Les Sciences et les Arts. — La Vie militaire et religieuse. — Les Sciences et les Lettres.
   Légères taches d'humidité.

89. — Le XVIIe siècle. *Paris, Didot*, 1880-82, 2 vol. gr. in-8, chromolithog. et fig. demi-rel. mar. r. avec coins, dos orné, tête dor. ébarbé.

   Mœurs, usages et costumes. — Lettres, sciences et arts.

90. — Le XVIIIe siècle. Institutions, usages et costumes. *Paris, Didot*, 1875, gr. in-8, chromolithog. et fig. demi-rel. mar. r. avec coins, dos orné, fil. tête dor. ébarbé.

91. — XVIIIe siècle. Lettres, sciences et arts. France, 1700-1789. Deuxième édition. *Paris, Firmin-Didot*, 1878, gr. in-8, chromolithog. et fig. demi-rel. mar. r. avec coins, dos orné, fil. tête dor. ébarbé.

92. — Contes du bibliophile Jacob à ses petits-enfants sur l'histoire de France. *Paris, Didot*, 1875, in-8, pl. hors texte et chromolithog. demi-rel. chag. r. plats toile, tr. dor.

93. LAMARTINE. Œuvres. *Paris, Furne*, 1855-66, 7 vol. in-8, portr. et fig. br.

94. LAMARTINE. Le Lac, compositions et eaux-fortes par Alexandre de Bar. Ornements par H. Catenacci. *Paris, Curmer*, 1860, in-fol. portr. fig. demi-rel. mar. r. avec coins, dos orné, fil. tête dor. ébarbé.

95. LANDRIOT (Mᵍʳ). La Femme forte. Conférences destinées aux femmes du monde. Cinquième édition. *Paris, Palmé*, 1865, in-8, portr. chag. br. fil. à fr. tr. dor.

96. LAPOINTE. Mémoires sur Béranger. *Paris, Havard*, 1857, in-8, pap. de Holl. — J. Brivois. Bibliographie de Béranger. *Paris, Conquet*, 1876, in-12. — Ens. 2 vol. br.

97. LAVALETTE. Fables, illustrées de nouvelles eaux-fortes par Grandville. Troisième édition, revue et augmentée. *Paris, Hetzel*, 1847, gr. in-8, fig. demi-rel. mar. violet avec coins, dos orné, fil. tête dor. ébarbé.

> Cette édition contient 12 fables et 12 planches de plus que la première.

98. LEITCH RITCHIE. Walter Scott et les Écossais. Traduit de l'anglais. Orné de 21 gravures d'après les dessins de Cattermole. *Paris, Desenne*, 1835, in-8, portr. fig. sur acier, demi-rel. chag. violet avec coins, fil. tête dor. ébarbé.

99. — Le même ouvrage, même édition, in-8, br.

100. LÉLIUS. Les Maîtres des arts du dessin. *Paris, Rigaud*, 1868, in-fol. front. et portr. en livraisons.

101. LE SAGE. Histoire de Gil Blas de Santillane, avec les principales remarques des divers annotateurs, précédée d'une notice par M. Sainte-Beuve, etc. *Paris, Garnier*, 1864, 2 vol. gr. in-8, portr. et fig. br.

> Des *Chefs-d'œuvre de la littérature française.*
> Exemplaire sur PAPIER DE HOLLANDE avec les figures AVANT LA LETTRE, SUR CHINE.

102. — Le Diable boiteux, suivi de Estevanille Gonzales. — Histoire de Guzman d'Alfarache. — *Paris, Garnier*, 1864-65. — Ens. 2 vol. in-8, fig. de Staal, br.

103. LESPÈS (Léo). Les Contes de Perrault, continués par Timothée Trimm (Léo Lespès), illustrés par Henri de Montaut. *Paris*, 1865, in-fol. pl. et fig. br.

104. LIREUX (Aug.). Assemblée nationale comique. Illustré par Cham. *Paris, Michel Lévy*, 1850, in-8, fig. pl. hors texte,

demi-rel. mar. La Vall. dos orné, fil. tête dor. ébarbé, couverture illustrée.

> Taches d'humidité.

105. Longus. Les Amours pastorales de Daphnis et Chloé,
traduites du grec par Amyot. *Paris, Didot l'ainé, an VIII*
(1800), in-4, en feuilles.

> Texte seul.
> Exemplaire sur PAPIER VÉLIN.

106. Lonlay (Dick de). Au Tonkin, 1883-1885. Récits anecdo-
tiques illustrés de 300 dessins par l'auteur. *Paris, Garnier,*
1886, gr. in-8, vign. dans le texte, demi-rel. chag. r. dos
orné, fil.

107. Mantz (Paul). Les Chefs-d'œuvre de la peinture italienne.
Ouvrage contenant 20 planches chromolithographiques
exécutées par F. Kellerhoven, 30 planches sur bois et
40 culs-de-lampe et lettres ornées. *Paris, Firmin-Didot,*
1870, gr. in-4, fig. cart. perc. r. fers spéciaux de l'éditeur,
ébarbé.

108. Mariage (livre de), contenant la cérémonie des fiançail-
les, l'ordre de la célébration du mariage, la messe du mariage, la bénédiction et la messe des relevailles, l'ordre du
baptême des enfants et l'office des principales fêtes de l'année. *Paris, Plon,* 1855, in-18, fig. d'après T. Johannot, encadrements, têtes de pages, lettres ornées, par A. Féart,
mar. vert, dos et milieux ornés et mosaïqués de mar. r.
fil. et comp. dor. dent. int. tr. dor.

109. Martin (Henri). Histoire de France depuis les temps les
plus reculés jusqu'en 1789. Quatrième édition. *Paris, Furne,*
1855-1860, 17 vol. in-8, portr. br.

110. Mary-Lafon. Rome ancienne et moderne depuis sa fon-
dation jusqu'à nos jours. *Paris, Furne,* 1854, in-8, fig. demi-
rel. chag. vert, plats toile, tr. dor.

111. Masque de fer. Échos illustrés du Figaro. *Paris,* 1878,
in-4, vign. cart. fers spéciaux, tr. dor.

112. Méry. Muses et Fées. Dessins par G. Staal. Mythologie
universelle. *Paris, G. de Gonet,* s. d. in-8, fig. lithogr. en
couleurs, demi-rel. chag. r. plats perc. r. fil. tr. dor.

113. — Les Étoiles. Dernière féerie. — Astronomie des dames

par le comte Fœlix. Illustrés par Grandville. *Paris, de Gonet*, s. d. in-8, fig. en couleurs, demi-rel. chag. r. plats toile, tr. dor.

114. MICHEL (Francisque). Rabelais analysé, ou explication de 76 planches gravées pour ses œuvres par les meilleurs artistes du siècle dernier, augmentée de l'ancienne clef et de celle de Le Motteux. *Paris, Barba*, 1830, in-8, br.

115. MICHELANT. Faits mémorables de l'histoire de France, précédés d'une introduction par M. de Ségur, et illustrés de 120 tableaux de M. Victor Adam. *Paris, Didier, Aubert*, 1844, gr. in-8, vign. à mi-page, demi-rel. chag. vert, plats perc. verte, fil. tr. dor.

PREMIÈRE ÉDITION.

116. MILLE (les) et un Jours, contes persans, turcs et chinois. *Paris, Pourrat*, 1843, in-8, titre en or et couleurs, fig. br.

117. MILTON. Le Paradis perdu, traduction de Chateaubriand, précédé de réflexions sur la vie et les écrits de Milton par Lamartine, et enrichi de 25 magnifiques estampes originales gravées au burin sur acier. *Paris, Rigaud*, 1863, in-fol. fig. d'après Flatters sur chine, demi-rel. mar. r. avec coins, dos orné, fil. tête dor. ébarbé.

On a ajouté à cet exemplaire : 1° 3 portraits de Milton à différents âges. — 2° 54 gravures au trait montées sur onglets : *The paradise lost of Milton, illustrated in a series of 54 plates of the human figure for the use of sculptors, artists, etc. by J. J. Flatters. London, Nattali and Bond,* 1851. — 3° 28 figures par Westall pour les *Œuvres. Londres,* 1797, etc.

En tout environ 125 pièces.

118. MOLIÈRE. OEuvres complètes. Nouvelle édition par M. L. Moland. *Paris, Garnier*, 1863-1864, 7 vol. gr. in-8, portr. fig. br.

Des *Chefs-d'œuvre de la littérature française.*
Exemplaire sur PAPIER DE HOLLANDE avec les figures AVANT LA LETTRE, sur CHINE.

119. — L'Avare ; le Tartuffe. Édition Ch. Livet. *Paris, Dupont,* 1882, 2 vol. in-8, br.

120. — Études sur Molière. *Paris,* 1877-1878, 5 vol. in-8 et in-18, pap. vergé, br.

J. Loiseleur. Les Points obscurs de la vie de Molière. — Molière jugé par ses contemporains. — Grimarest. La Vie de Molière. — Lacour. Le Tartuffe par ordre de Louis XIV. — Elomire hypocondre.

121. MOORE (Th.). L'Épicurien, traduit par Henri Butat; les
vers, par Th. Gautier; préface de Ed. Thierry. Dessins de
G. Doré. *Paris, Dentu*, 1865, in-8, fig. br.

122. MUSÆUS. Contes populaires de l'Allemagne, traduits par
A. Cerfberr de Medelsheim. Édition illustrée de 300 vignettes allemandes. *Paris, Havard*, 1846, 2 tomes en 1 vol. pet.
in-8, vign. sur bois, demi-rel. chag. noir, fil. tr. dor.
     PREMIER TIRAGE.

123. MUSSET (A. de). OEuvres complètes. *Paris, Charpentier*,
1861-78, 10 vol. in-12, demi-rel. mar. bleu, dos orné, tête
dor.
     Portraits ajoutés.

124. NODIER. Contes. Eaux-fortes par Tony Johannot. *Paris,
Hetzel*, 1846, in-8, fig. demi-rel. mar. vert. avec coins, dos
orné. fil. tête dor. non rog.
     PREMIÈRE ÉDITION.
     On a ajouté 4 portraits différents de Nodier.

125. NUS et MÉRAY. L'Empire des légumes. Mémoires de Cu-
curbitus Ier. Dessins par Amédée Varin. *Paris, G. de Gonet*,
s. d. (1850), gr. in-8, fig. en couleur, demi-rel. mar. vert
avec coins, dos orné, fil. tête dor. ébarbé.
     PREMIÈRE ÉDITION.
     Manquent 2 planches (pp. 34 et 252).

126. — Les Papillons, métamorphoses terrestres des peuples
de l'air, par Amédée Varin. *Paris, G. de Gonet*, s. d. 2 vol.
in-8, pl. en couleurs, demi-rel. mar. r. avec coins, dos
orné, fil. tête dor. ébarbé.

127. OTTEVAERE-LARCHER. La Révolution, poème dramatique.
Mirabeau jusqu'à la chute de Robespierre. *Paris, Dentu*,
1884, in-8, br.

128. PARDOE (Miss). Les Beautés du Bosphore. Orné d'une
suite de vues de Constantinople et de ses environs d'après
les dessins originaux de W.-H. Bartlett; traduit de l'anglais
par L. de Bauclas. *Londres, Virtue*, s. d. in-4, portr. fig. sur
acier, br.

129. PARIS dans sa splendeur. Monuments, vues, scènes historiques, description et histoire, *Paris, Charpentier*, 1861,
3 vol. in-fol. pl. et vign. en feuilles.

130. Pellé. Les Iles et les bords de la Méditerranée comprenant la Sicile et la côte de Barbarie, etc. illustrés d'après les dessins pris sur les lieux par Leitch, sir Temple, etc. précédés d'un essai historique. *Londres et Paris, Fisher, s. d.* 2 vol. in-4, fig. sur acier, carte, cart. perc. grise, fers spéciaux, tr. dor. .

131. Pène (H. de). Henri de France. *Paris, Oudin,* 1884, in-4, portr. et fig. br.

132. PERRAULT. Contes du temps passé, précédés d'une notice littéraire par M. E. de la Bédollière, illustrés par MM. Pauquet, Maroy, Jeanron, Jacque et Beauce. Texte gravé par M. Blanchard. *Paris, Curmer,* 1843, gr. in-8, texte gr. fig. vign. dans le texte, demi-rel. chag. vert, fil. tr. dor.

Premier tirage de cette édition rare et recherchée.

133. — Les Contes. Dessins de Gustave Doré, préface par P.-J. Stahl (Hetzel). *Paris, Hetzel,* 1867, in-4, fig. demi-rel. mar. r. avec coins, tête dor. ébarbé.

134. Pervenche (la). Livre des salons, par MM. Aycard, Dumas, P. Féval, etc. etc., enrichi de 12 gravures. *Paris, Janet, s. d.* in-8, demi-rel. mar. vert, dos orné, fil. tête dor. ébarbé.

135. Piedagnel (Alex.) : Avril. *Paris, Liseux,* 1877, in-16. — Ilier. *Paris, Motteroz,* 1883, in-8. — Ens. 2 vol. front et vign. br.

Recueils de poésies.

136. Poètes contemporains. — Réunion de 5 vol. in-8, br.

De Laprade. Poèmes civiques. — P. Caillet. Épis et bluets. — A. Pommier. Colifichets. — E. Turquety. Primavera. Deuxième édition. — Dates et souvenirs. (*Exemplaire en grand papier.*)

137. Pogge. Les Facéties, traduites en français avec le texte en regard. Première édition complète. *Paris, Liseux,* 1878, in-18, pap. vergé, br.

138. Prévost (J.-J.). L'Irlande au xixᵉ siècle, précédée d'une introduction par M. le baron Taylor. *Paris, Mandeville, s. d.* in-4, fig. sur acier par Bartlett, carte, cart. perc. noire, tr. dor.

139. — Le même ouvrage. *Paris, Curmer,* 1845, in-4, fig. sur acier par W.-H. Bartlett, carte, mar. violet, comp. dor. et à froid, tr. dor.

140. RACINE. Théâtre. Édition nouvelle publiée sous la direction de M. Paul Albert. *Paris, Jousset*, 1878, 2 vol. in-8, br.

141. REGNARD. OEuvres complètes, avec des notes de M. Beuchot... Nouvelle édition ornée de 15 gravures d'après Desenne. *Paris, Delahays*, 1860, 2 vol. in-8, fig. br.

    Taches d'humidité.

142. RENÉ (le roi). OEuvres choisies, avec une biographie et des notices, par M. le comte de Quatrebarbes, et un grand nombre de dessins et ornements, d'après les tableaux et manuscrits originaux, par M. Hawke. *Paris, Picard*, 1849, 2 vol. in-4, fig. en fac-similé, br.

143. REVUE (la) comique à l'usage des gens sérieux. Texte par MM. Lireux, Caraguel, Vertot, La Bédollière, Gérard de Nerval, etc., dessins de Bertall, Nadar, etc. Novembre 1848 à décembre 1849. *Paris*, 1848-1849, 2 tomes en 1 vol. in-8 à 2 col. fig. demi-rel. mar. r. avec coins, dos orné, fil. tête dor.

    Exemplaire bien complet.

144. REYBAUD (Louis) : Jérôme Paturot à la recherche d'une position sociale. — Jérôme Paturot à la recherche de la meilleure des Républiques. — *Paris*, 1846-1849. — Ens. 2 vol. in-8, fig. demi-rel. chag. r. plats toile, tr. dor. couvertures illustrées.

    PREMIÈRES ÉDITIONS.

145. RICHERMOZ (Est. de). Au Pays des Gorilles. Revue satyrique. Dessins par Ch. Clérice. Musique par A. Jossel. *Paris, Dentu*, 1883, gr. in-4, titre gr. fig. musique notée, br.

    Exemplaire sur PAPIER DU JAPON.

146. ROBERTS (E.). Vues pittoresques de l'Inde, de la Chine et des bords de la mer Rouge, dessinées par Prout, Stanfield, Cattermole, etc., sur les esquisses du commodore R. Elliot, accompagnées d'un texte historique et descriptif, traduit de l'anglais par J.-F. Gérard. *Londres et Paris, Fisher*, 1835, 2 tomes en 1 vol. in-4, fig. sur acier, mar. violet, fil. et comp. dor. et à froid, tr. dor.

147. ROCHE (Edmond). L'Italie de nos jours. *Paris, Mandeville*, s. d. in-4, fig. sur acier par Allom, Bartlett, etc. cart. perc. brune, fers spéciaux, tr. dor.

M. B.   2

148. Rose (Th.). Vues pittoresques des comtés de Westmoreland, Cumberland, Durham et Northumberland, dessinées d'après nature par Th. Allom, G. Pickering, etc. Le texte français rédigé par J.-F. Gérard. *Londres et Paris, Fisher,* 1833, 2 vol. in-4, fig. sur acier, carte, demi-rel. chag. vert, fil. tr. dor.

149. Sacchetti (Franco). Nouvelles choisies (XIVe siècle), traduites en français pour la première fois par A. Bonneau. *Paris, Liseux,* 1879, in-18, pap. vergé, br.

150. Sahib. La Frégate l'Incomprise. Voyage autour du monde. *Paris, Vanier,* 1876, in-4, fig. br.

151. — Croquis maritimes. *Paris, Vanier,* 1880, in-4, nombr. fig. sur bois hors texte et dans le texte, cart. perc. r. fers spéciaux de l'éditeur, tr. dor.

152. Saint-Pierre (Bernardin de). Paul et Virginie, avec une introduction par A. Piedagnel. Orné de 6 figures hors texte et 2 vignettes, dessinées et gravées à l'eau-forte par Ad. Lalauze. *Paris, Liseux,* 1879, in-12, pap. de Hollande, fig. texte entouré de fil. r. et vert, br.

153. Salles (J.-B.). Charlotte Corday. Tragédie en cinq actes et en vers, publiée pour la première fois par M. Moreau-Chaslous. *Paris, Miard,* 1864, in-4, br.

154. Salva (Vicente). Nuevo Diccionnario de la lengua castellana... Septima edicion. *Paris, Garnier,* 1865, gr. in-8 à 2 col. bas.

155. Sand (George). Romans champêtres, illustrés par Tony Johannot, précédés d'une étude sur les romans champêtres par P.-J. Stahl (Hetzel). *Paris, Hachette,* 1860, 2 vol. in-8, fig. sur bois, demi-rel. mar. vert avec coins, dos orné, fil. tête dor. ébarbé.

156. SCARRON. Le Roman comique. Édition ornée de figures dessinées par Le Barbier et gravées sous sa direction. *Paris, Janet, Hubert (imprimerie de Didot jeune),* an IV (1796), 3 vol. in-8, portr. fig. br.

Exemplaire avec les figures AVANT LA LETTRE.

157. — Le Roman comique, peint par J.-B. Pater et Dumont le Romain, réduit d'après les gravures au burin de Surugue,

Audran, Jeanrat, et Scotin, par M. Tiburce de Mare, et accompagné de notices par M. de Montaiglon. *Paris, Rouquette*, 1883, in-4, portr. et fig. cart. perc. r. non rog.

158. SCRIBE (Eug.). OEuvres complètes. *Paris, Dentu*, 1874-1885, 75 vol. in-12, br.

159. SHAKESPEARE. OEuvres complètes, traduites par Émile Montégut, et richement illustrées de gravures sur bois. *Paris, Hachette*, 1867, in-8 à 2 col. fig. br.

160. SOSSON (A.). Vues de villes et de scènes d'Italie, de France et de Suisse. Première. *Londres et Paris, Fisher*, 1836, in-4, fig. sur acier, demi-rel. mar. brun, plats perc. gaufrée, tr. dor.

161. SPIERS. Dictionnaire anglais-français et français-anglais. Quatrième édition. *Paris, Baudry*, 1850, 2 vol. in-8 à 3 col. demi-rel. chag. La Vall.

162. STAEL (Mme de). Corinne ou l'Italie. *Paris, Lecou*, 1853, in-8, fig. pl. hors texte, br.
   Taches d'humidité.

163. SWIFT. Voyages de Gulliver dans des contrées lointaines. Traduction nouvelle, illustrée par Grandville. *Paris, Fournier et Furne*, 1845, in-8, vign. dans le texte, demi-rel. mar. r. dos orné, tr. dor.

   Seconde édition.

164. TASSO (Torquato). Jérusalem délivrée, poème traduit de l'italien. Nouvelle édition. *Paris, Bossange et Masson*, 1814, 2 vol. in-8, portr. et fig. demi-rel. mar. r. avec coins, dos orné, fil. tête dor. non rog.

   Exemplaire sur PAPIER VÉLIN avec les figures AVANT LA LETTRE.
   On a ajouté les : 2 portraits in-8, par Bosselman (Furne) et Cooper; la suite de 4 fig. in-8 de Ducis par Pauquet, pour la Vie du Tasse, épreuves sur CHINE dont 3 AVANT LA LETTRE; la suite de 20 (sur 21) fig. in-8 de Carlo Falcini pour une édition italienne; la suite de 1 portr. et 9 fig. in-18 de Colin pour l'édition de Baour-Lormian, épreuves sur CHINE, AVANT LA LETTRE; la suite de 20 vign. in-18 de Corbould; la suite anglaise de 1 portr. et 8 fig. in-8 de Hinchliff, épreuves sur CHINE; 1 portr. et 2 fig. in-8 de Desenne et Bergeret, et enfin 4 fig. ou vign. diverses.
   En tout 72 pièces.

165. TESTE (Louis). Léon XIII et le Vatican, dessins de George Sauvage. *Paris, Forestier*, 1880, in-8, portr. et fig. br.

166. THAUMAS DE LA THAUMASSIÈRE. Histoire de Berry. Réimprimé par la Revue du Berry, d'après l'édition de Fr. Toubeau, 1689. *Bourges,* 1863, 4 vol. in-8, demi-rel. bas. f.

167. THOMASSIN (Simon). Recueil des figures, groupes, thermes, fontaines, vases, et autres ornements tels qu'ils se voyent à présent dans le château et parc de Versailles, gravés d'après les originaux. *Paris, chez l'autheur,* 1694, in-8, front. titre et texte gr. fig. bas.

168. TILLIER (Claude). Mon oncle Benjamin. Nouvelle édition illustrée. *Paris, Conquet,* 1881, 2 vol. in-8, fig. br.

Exemplaire sur PAPIER VÉLIN.

169. TOUCHARD-LAFOSSE. La Loire historique, pittoresque et biographique de la source à son embouchure, illustrée de 62 gravures sur acier, de plus de 300 têtes de pages, lettres, etc. et de 3 cartes du fleuve. *Tours, Lecesne,* 1851, 5 vol. gr. in-8, fig. cartes, br.

170. VAN KAMPEN. The History and topography of Holland and Belgium, illustrated with splendid engravings from drawings by Bartlett. *London, Virtue, s. d.* in-8, fig. cart. anglais tr. dor.

171. VIE DES SAINTS, illustrée en chromolithographie d'après les anciens manuscrits de tous les siècles, publiée par F. Kellerhoven, texte par M. H. de Riancey. *Paris, Bachelin-Deflorenne, s. d.* gr. in-8, fig. mar. r. jans. dent. int. tr. dor. (*Belz-Niedrée.*)

172. VIES des Saints, nouvellement écrites par une réunion d'ecclésiastiques et d'écrivains catholiques sous les auspices de NN. SS. les Archevêques et Évêques. *Paris, Garnier,* 1854, 4 vol. in-8, fig. demi-rel. mar. r. dos orné, tr. dor.

173. VIRGILE. Carmina omnia, perpetuo commentario ad modum J. Bond, explicuit Fr. Dubner. *Parisiis, Firmin Didot,* 1858, in-12, titre gr. texte entouré d'un fil. r. vign. cart. perc. verte, ébarbé.

174. — OEuvres. — Métamorphoses d'Ovide. *Paris, Panckoucke,* 1832-1837, 7 vol. in-8, br.

Exemplaire sur PAPIER VÉLIN.

175. VIVIER (Eug.). Très peu de ce que l'on entend tous les jours. *Paris, Motteroz*, 1879, in-18, texte encadré, br.

176. WACHTER. La Guerre de 1870-71, histoire politique et militaire. Illustrations de A. Darjou. *Paris, Lachaud*, 1873, in-8, fig. br.

177. WILLIS. L'Amérique pittoresque, ou Vues des terres, des lacs et des fleuves des États-Unis d'Amérique. Ouvrage enrichi de gravures d'après W.-H. Bartlett. Traduit de l'anglais par L. de Bauclas. *Londres et Paris, Virtue*, 1840, 2 vol. in-4, fig. sur acier, carte, demi-rel. chag. vert, fil. tr. dor.

178. — Le même ouvrage, la même édition, cart. dos perc. ébarbé.

179. — Canadian scenery illustrated, from drawings by W.-H. Bartlett. *London, Virtue*, 1842, 2 vol. in-4, portr. fig. sur acier, carte, cart. perc. brune, fers spéciaux, tr. dor.

180. — Canada pittoresque, orné de gravures d'après les dessins de W.-H. Bartlett, traduit de l'anglais par L. de Bauclas. *Londres, Virtue*, 1843, 2 vol. in-4, fig. sur acier, carte, cart. perc. verte, fers spéciaux, tr. dor.

181. WRIGHT (Th.). Histoire de la caricature et du grotesque dans la littérature et dans l'art. Traduction de O. Sachot. Deuxième édition illustrée de 238 gravures intercalées dans le texte. Notice par Am. Pichot. *Paris, Delahays*, 1875, pet. in-4, vign. demi-rel. chag. r. dos orné, tête dor. ébarbé.

182. YRIARTE. Florence : l'histoire, les Médicis, les Humanistes, les Lettres, les Arts. Orné de 500 gravures et planches. *Paris, Rothschild*, 1881, in-4, pl. et fig. cart. perc. fers spéciaux, tr. dor.

———

183. Lot de 22 vol. in-4, in-8, et in-12, br.

Aug. Thierry. Conquête de l'Angleterre. — Ed. Roche. L'Italie de nos jours. — L. Veuillot. Rome. — Henri Heine. De l'Allemagne, etc., etc.

SUITES DE FIGURES ET VIGNETTES

POUR L'ILLUSTRATION DES LIVRES

184. AMOUR et Psyché. Suite de 32 gravures au trait, in-fol. en travers par Normand d'après Raphaël.

185. ANACRÉON. Suite de 1 front. in-8, 12 vignettes têtes de pages, et 13 culs-de-lampe par Eisen, gravés par Massard, pour Anacréon, Sapho, Bion et Moschus. *Paris, Bastien,* 1773.

> TIRAGE A PART des en-têtes et culs-de-lampe en belles épreuves à toutes marges.

186. — BION, SAPHO et MOSCHUS. Réunions de 35 portr. figures, vignettes et culs-de-lampe par Eisen, Marillier, Moreau, Queverdo, Uwins, Saint-Aubin, Girodet, Bouillon, etc.

> 26 pièces comprenant des frontispices et des vignettes tirées à part pour l'édition de *Paris, Bastien,* 1773; 2 jolies figures in-18 de Marillier, 1780, gravées par Delaunay; des figures AVANT LA LETTRE et EAUX-FORTES de Moreau, etc. — Suite de 1 front. et 4 figures in-8 par Girodet et Bouillon pour les *Odes. Paris, Nicolle,* 1818, épreuves AVANT LA LETTRE SUR PAPIER VÉLIN à toutes marges. — Suite de 1 portrait et 3 figures in-8 de Queverdo pour les *Odes. Paris, Didot,* 1794.

187. ART-UNION-JOURNAL. 40 gravures anglaises in-4, représentant des sujets divers tirées de l'*Art-Union-Journal.*

> Quelques gravures sont en double.

188. BEAUMARCHAIS. Suite de 5 figures grand in-8 par Saint-Quentin, gravées par Liénard, Halbou et Lingée pour le *Mariage de Figaro. A Kehl et à Paris, chez Ruault.*

> Épreuves à toutes marges.

189. — 1 portrait et 25 (sur 30) figures in-8 gravées au trait par Gautier pour les *OEuvres complètes. Paris, Collin,* 1809.

> Épreuves sur PAPIER VÉLIN, à toutes marges.

190. — Suite de 1 portrait et de 6 figures in-12 par Duvivier, gravées par Bovinet, Manceau, Simonet, P. Adam, pour les *OEuvres. Paris, Ménard et Desenne,* 1818.

> De la *Bibliothèque française.*
> Épreuves AVANT LA LETTRE SUR PAPIER VÉLIN.
> On y a ajouté 4 EAUX-FORTES de la même suite. Pièces à toutes marges.

191. BEAUMARCHAIS. Suite de 4 figures in-8, par Tony Johannot, gravées par Lecomte, Blanchard, Cousin et Courbould-
Ashby, pour le *Théâtre. Paris, Furne,* 1828.

> Épreuves AVANT LA LETTRE, dont 2 sur PAPIER DE CHINE et 2 sur
> PAPIER VÉLIN.
> On y a ajouté 3 figures in-18 par Desenne, AVANT LA LETTRE.
> Pièces à toutes marges.

192. BÉRANGER. Suite de 120 figures in-8, par Grandville et
Raffet, gravées sur bois par Thompson, Cherrier, Brevière,
Hébert, etc. pour les *OEuvres complètes. Paris, Fournier,* 1836.

> Belles épreuves à toutes marges.

193. BIBLE. Historic illustrations of the Bible, principally
after the old masters. *London, Fisher, s. d.* 2 vol. in-4, fig.
gr. demi-rel. mar. r. avec coins, dos orné, tête dor. non
rog. (*Hardy.*)

194. — Suite de 38 figures grand in-8, d'après Raphaël, Ru-
bens, Rembrandt, Murillo, Girodet, Horace Vernet, De-
caisne, Gros, Johannot, etc., gravés par François, Audibran,
Lévy, Nargeot, etc. *Paris, Furne (impr. Chardon),* 1838-1843.

> Belles épreuves sur CHINE, tirées in-folio sur PAPIER VÉLIN FORT.

195. — The Bible Gallery : The women of the Bible. Portraits engraved by the most eminent artists from drawings
by G. Staal. *London, Bogue,* 1847-50, 2 vol. in-8, portr. gr.
chag. fers spéciaux, tr. dor.

196. BLANC (Ch.). 1918 figures in-8, pour l'*Histoire des Peintres.*

> Réunion de toutes les planches, vignettes et ornements qui figurent
> dans l'*Histoire des Peintres,* tirés à part, sans texte, sur CHINE VOLANT,
> quelques fois plusieurs sujets sur la même feuille. Les épreuves sont
> fort belles et sans doute du PREMIER TIRAGE.

197. BOILEAU. Suite de 1 portr. de Fortin et 8 figures in-4 de
de Monsiau, gravés par Voyssard, Simonet, Patas, Thomas,
Trière, pour les *OEuvres. Paris, Crapelet,* 1798.

> Belles épreuves à toutes marges, dont une AVANT LA LETTRE.

198. — Suite de 9 vignettes in-8 en travers de Fortin, gravées
par Girardet pour les *OEuvres. Paris, Didot,* 1819.

> TIRAGE A PART des vignettes têtes de pages sur PAPIER VÉLIN in-folio,
> à toutes marges.

199. BYRON. Suite de 1 front. et de 21 figures in-8 en médail-
lons par Corbould, gravées par Davenport, Mitau, Romney,
Warren, etc. pour les *OEuvres. London, John Arlis,* 1818.

> Jolie suite. Épreuves sur PAPIER VÉLIN FORT, à toutes marges.
> On y a ajouté 7 figures de la même suite, épreuves AVANT LA LETTRE.

200. BYRON. The Gallery of Byron Beauties; portraits of the principal female characters in lord Byron's poems, from original paintings by eminent artists. *London, Kent, s. d.* in-8, portraits sur acier, chag. vert, dos orné, dent. tr. dor.

201. — The Byron Gallery : a series of historical embellishments to illustrate the poetical works of lord Byron. *London, Smith, Elder,* 1832-1833, 6 livraisons in-4, contenant 31 fig. d'après Westall, Richter, Howard, Parris, etc., gravées par Bacon, Portbury, Goodyear, Rollis, etc., br. couvertures.

Épreuves sur PAPIER DE CHINE d'une très jolie suite.

202. — Finden's illustrations to the life and works of lord Byron, with original and selected informations on the subjects of the engravings... By W. Brokedon. *London, Murray,* s. d. 2 vol. in-8, fig. sur acier, demi-rel. chag. r. plats toile, tr. dor.

Légères taches d'humidité.

203. — Finden's Byron beauties : or the principal female characters in lord Byron's poems ; engraved from original paintings under the superintendance of W. and E. Finden. *London, Till,* 1836, in-4, fig. sur acier, demi-rel. mar. r. avec coins, dos orné, fil. tête dor. ébarbé.

204. — Réunion de 119 figures, vues et portraits, de Stothard, Sanders, Corbould, Stephanoff, Jenkins, Whrigt, Alfred et Tony Johannot, R. Westall, Devéria, etc., pour les éditions de Murray, Furne, etc.

Lot de jolies pièces dont un certain nombre sont AVANT LA LETTRE.

205. CERVANTES. Suite de 1 portrait et de 2 figures in-8, par Coypel, gravées par Folkema et Fokke pour *Don Quichotte. La Haye, Moetjens,* 1744.

Épreuves du PREMIER TIRAGE avec la légende en espagnol remontées.

206. — Suite de 33 figures in-8 et de 3 cartes d'après Ximeno Navarro, Camaron et Monnet, gravées sur cuivre par Duflos et Moreno pour *Don Quichotte. Madrid,* 1782-1797.

Épreuves remontées.

207. — SUITE DE 24 FIGURES IN-18, par Lefèvre et Le Barbier, gravées par Coiny, Dambrun, Gaucher, Godefroy et Masquelier pour *Don Quichotte. Paris, Deterville,* 1799.

Épreuves tirées in-8, AVANT LA LETTRE, à toutes marges. Suite peu commune.

208. Cervantès. Suite de 24 figures in-18, par Westall, gravées par Heath, pour *Don Quichotte. London, Hurst, Robinson*, 1820.

   Épreuves sur papier de Chine, montées grand in-8.

209. — Réunion de 64 figures de Smith, Westall, Uwins,
Corbould, etc., pour *Don Quichotte*.

   27 de ces pièces sont avant la lettre sur chine.

210. — Suite de 23 vignettes in-18, gravées par Roger,
Coupé, Johannot, etc., d'après Westall, pour le *Don Quichotte*, 1820.

   Épreuves avant la lettre sur papier de Chine, plus 15 EAUX-
FORTES de la même suite.
   Pièces à toutes marges.

211. — Suite de 1 portrait par Dutillois et de 6 vignettes
in-18 par Courtin, gravées par Dutillois, Goulu, Ferdinand,
etc., pour *Don Quichotte*.

   Épreuves avant la lettre sur papier de Chine, à toutes marges.

212. — Réunion de 84 portraits et figures par Queverdo,
Devéria, Charlet, Grandville, Girardet, Horace Vernet,
Lamy, etc., pour *Don Quichotte*.

   12 vignettes in-18 de Déveria, avant la lettre sur chine ; 10 vignettes in-18 de Charlet, avant la lettre sur chine ; 32 figures de Grandville ; 1 portrait et 8 figures in-8 de H. Vernet et Lamy ; 15 pièces diverses dont 5 EAUX-FORTES et 8 épreuves avant la lettre ; 6 portraits
par Queverdo, Hopwood, etc., dont 1 EAU-FORTE.

213. Chateaubriand. Gravures, portraits, vues, cartes pour les
Œuvres, d'après les dessins de MM. H. Vernet, Delaroche,
T. Johannot, etc. *Paris, Pourrat*, 1837, 88 fig. in-8, br.

214. — Suite de 1 portrait et 28 figures de Johannot pour
les *Œuvres. Paris, Furne*.

   On a joint 15 portr. et figures diverses.

215. Delille. Réunion de 25 figures et portraits pour les
Œuvres.

   13 gravures in-8 dont un portrait par Desenne, Girodet et Westall,
gravées par Dequevauviller, Fauchery, Bovinet, etc. pour les *Œuvres*
(1824), épreuves avant la lettre sur papier de Chine. — 7 vignettes
in-12, de A. et T. Johannot, pour les *Œuvres. Paris, Furne*, 1833. —
5 portraits par Plée, Cordon, Dutillois etc.

216. Divers. Réunion de 40 figures in-8 et in-12, représentant des sujets mythologiques par des artistes français et
anglais (De Sève, Eisen, Gravelot, Marillier, Le Barbier,
Monnet, etc.).

217. DIVERS. Réunion de 90 figures in-4 et in-8, par Raphaël, le Poussin, Dominiquin, le Guide, Véronèse, etc. gravées au trait par Lebas, Normand, Devilliers, Giboy, etc. représentant des *Scènes Mythologiques*.

> Épreuves à toutes marges, dont 14 en double.

218. EISEN. Le Sacrifice à Vénus, figure in-8.

> DESSIN ORIGINAL peint à l'aquarelle, non signé sur peau de vélin.
> On y a joint la gravure par Duclos. 1774.

219. FÉNELON. Suite de 6 figures in-4 par Cochin fils pour les *Aventures de Télémaque. Paris, Drouet*, 1775.

> Ces 6 figures furent seules publiées; épreuves à toutes marges.
> On a joint une autre figure de Cochin fils au bas de laquelle est une note de la main de l'artiste.

220. — Suite de 24 figures in-18, par Lefèvre, pour les *Aventures de Télémaque. Paris, Didot*, 1796.

> Épreuves AVANT LA LETTRE tirées sur GRAND PAPIER VÉLIN grand in-8, à toutes marges.

221. — Suite de 24 figures in-8, par Marillier, pour les *Aventures de Télémaque. Paris, Deterville, an IV* (1796).

> Épreuves à toutes marges.

222. — Suite de 24 figures in-12, par Quéverdo, pour les *Aventures de Télémaque. Paris, Bleuet*, 1796.

> Épreuves AVANT LA LETTRE SUR GRAND PAPIER VÉLIN, in-8, à toutes marges.

223. — Suite de 25 figures in-8, par Moreau, dont 24 pour les *Aventures de Télémaque* et 1 pour les *Aventures d'Aristonoüs*, publiées par *Renouard*, 1812.

> On a joint une épreuve de la figure d'*Aristonoüs*, à l'état d'EAU-FORTE SUR CHINE.
> Pièces à toutes marges.

224. — Suite de 1 portrait-fleuron et 18 vignettes têtes de pages par Paquier, gravées sur bois par Dujardin, pour les *Aventures de Télémaque. Paris, Lefèvre*, 1853.

> Épreuves AVANT LA LETTRE SUR CHINE VOLANT.

225. — Suite de 18 vignettes têtes de pages par Paquier, gravées sur bois par Dujardin, pour les *Aventures de Télémaque. Paris, Lefèvre*, 1853.

> Épreuves AVANT LA LETTRE, SUR PAPIER DE CHINE, remontées avec soin.

226. Fénélon. Réunion de 19 figures par Quéverdo, Desenne, Le Roy, Westall, Cook, Uwins, etc., pour le *Télémaque*, et 11 portraits de Fénelon, par Hopwood, Lefèvre, Delvaux, Desenne, etc. — Ens. 30 pièces.

La plupart des figures et quelques portraits sont AVANT LA LETTRE.

227. Foë (Daniel de). Suite de 12 figures in-8 de Bernard Picart, gravées par Chatelain, pour *Robinson Crusoé*. *Paris, Cazin, 1784.*

Tirage moderne sur CHINE.
On a ajouté 3 figures par Dambrun et Delignon pour le même ouvrage, épreuves sur CHINE, AVANT LA LETTRE, plus figures de Marillier, remontées.

228. — Suite de 1 portrait gravé par Delvaux et 18 figures in-8 par Stothard et Duvivier, gravées par Delvaux, Delignon et Duprécl, pour la *Vie et les Aventures de Robinson Crusoé. Paris, Verdière, an VIII (1800)*.

Les 15 figures de Stothard sont AVANT LA LETTRE SUR PAPIER VÉLIN. Pièces à toutes marges.

229. — Suite de 16 figures in-8 par Gavarni, pour *Robinson Crusoé. Paris, Fournier, 1840.*

230. — Suite de 1 frontispice et 7 figures in-8, par Jules Fesquet, pour les *Étranges Aventures de Robinson Crusoé. Paris, Bonnassies, 1877.*

Épreuves AVANT LA LETTRE SUR PAPIER WHATMAN, à toutes marges.

231. Goethe. Moritz Retzsch. Recueil de figures au trait pour illustrer Goethe, Schiller et Shakespeare. *Stuttgard, 1837-1849*, 4 vol. in-4 oblong, fig. demi-rel. mar. r. avec coins, fil. tr. dor.

Goethe et Schiller, 2 vol. — Shakspeare, 2 vol.

232. Grandville. Portrait de J.-J. Grandville gr. in-8 avec allégorie, dessiné et gravé par Geoffroy, publié par *G. de Gonet*.

Épreuve sur papier de Chine in-4.
15 exemplaires.

233. Gresset. Suite de 1 portrait gravé par Ethiou et de 8 figures grand in-8, par Moreau, gravées par Simonet et De Ghendt, pour les *Œuvres. Paris, Renouard, 1811.*

Épreuves sur PAPIER DE CHINE.
On y a ajouté 4 figures in-8 du XVIIIe siècle, non signées, pour *Vert-Vert*.

234. HÉNAULT. 1 titre gravé, 1 portrait et 30 estampes allégo-
riques in-4 des Événemens les plus connus de l'histoire de
France, gravées d'après les dessins de M. Cochin. *Paris,
Prévost*, 1768.

> Suite destinée à l'ornement de la nouvelle édition de l'*Abrégé chro-
> nologique du président Hénault*. Cet exemplaire s'arrête à Charles XI.
> Pièces à toutes marges.

235. HOMÈRE. Suite de 1 frontispice avec portrait et 24 figures
grand in-8, par Marillier, pour l'*Iliade*. *Paris, Didot*, 1786.

> Épreuves AVANT LA LETTRE avec le cadre, sur PAPIER VÉLIN, destinées
> à l'édition in-4.
> Pièces à toutes marges. On y a ajouté 16 portraits d'Homère par
> Saint-Aubin, Ethiou, Ponce, etc.

236. — Suite de 2 portraits et 48 figures in-8 de Fuselli, Stothard, Westall, Howard, etc., pour l'*Iliade* et l'*Odyssée*.
London, Du Roveray, 1806.

> Épreuves AVANT LA LETTRE à toutes marges.

237. — OEuvre complet de Flaxmann, gravé par Réveil, pour
l'*Iliade* et l'*Odyssée*. *Paris, Audot*, 1833-1835, 2 vol. in-8
oblong, 2 titres, 39 et 34 pl. gravées au trait br.

238. — Suite de 75 figures in-8 en largeur, gravées au trait
d'après les compositions de Flaxmann par Édouard Schuler
pour l'*Iliade* et l'*Odyssée*. *Carlsruhe*, 1829, 2 livraisons
avec couvertures.

239. — La même suite, avec les couvertures allemandes.

240. — Suite de 1 portrait et 24 figures grand in-8 de Nenci
gravées par Zignani, Viviani, Ferreri, Scotto, Lapi, pour
l'*Iliade*.

> Épreuves sur CHINE, avec la légende en italien.

241. — B. Genelli's Umrisse zum Homer, mit Erlauterungen
von Dr. Ernst Förster. *Stutgart und Tübingen, Cotta*, 1844,
in-4 obl. pl. cartonné.

> Suite de 1 frontispice et de 48 planches gravées au trait, précédées
> de 16 pp. de texte explicatif.

242. HORACE. Réunion de 27 figures par Percier et Uwins, et
8 portraits d'Horace et de Mécène, par Lafitte, Choffard,
Cochin, etc.

> Suite de 12 figures in-8 en travers par Percier, pour l'édition Didot,
> en 2 états : tirage ancien et tirage moderne, ce dernier incomplet de la
> 12e figure. — Suite de 2 figures par Uwins pour la *Vie d'Horace*, épreuves
> AVANT LA LETTRE en 2 états : sur chine et sur blanc, plus 1 vignette
> de Westall. — 8 portraits.

243. LA FONTAINE. Suite de 1 portrait et 12 figures in-8 en largeur par Percier pour les *Fables. Paris, Didot*, 1802.

> Épreuves sur CHINE, tirées in-folio à toutes marges.

244. — Suite de 12 figures in-8 ornementées, dont 1 frontispice avec portrait, par Bergeret, pour les *Fables. Paris, Eymery*, 1818.

> Jolie collection.
> Un des 25 exemplaires en épreuves AVANT LA LETTRE, SUR PAPIER VÉLIN in-folio.

245. — Suite de 5 figures in-4 par Gérard, gravées par Nicollet, Tardieu, Marais, Mathieu, pour les *Amours de Psyché et de Cupidon et Adonis. Paris, Didot*, 1797.

> Épreuves AVANT LA LETTRE, tirées in-folio à toutes marges; la quatrième figure de *Psyché* est accompagnée de son EAU-FORTE.

246. — Suite de 8 figures in-4 par Moreau pour les *Amours de Psyché et Adonis. Paris, Didot, an III* (1795).

> Épreuves AVANT LA LETTRE, plus 3 EAUX-FORTES de la même suite. Pièces à toutes marges.

247. — Réunion de 21 figures in-4 et in-fol. par Gérard, Corbould, Stothard, Wood, Westall, Engleheart, Granger, Desnoyer, etc. pour *l'Amour et Psyché, Adonis, Éro et Léandre*, etc.

> La plupart des figures sont sur CHINE, quelques-unes AVANT LA LETTRE; 5 gravures au trait d'après Gérard; 1 superbe portrait de La Fontaine, AVANT LA LETTRE SUR CHINE.

248. — 21 portraits de La Fontaine, d'après Rigault, gravés par Gaucher, Tardieu, Delvaux, Bertonnier, Hopwood, Devéria.

> Plusieurs épreuves AVANT LA LETTRE; celui de *Madame de la Sablière assise dans un jardin et La Fontaine debout lisant une fable*, par Devéria, est à l'état d'EAU-FORTE; 2 petits DESSINS signés Baudet-Banderval.

249. — Réunion de 60 figures par Devéria, Desenne, Tony Johannot, etc. pour les *Fables*.

> 6 figures in-8 par Devéria, 1825, AVANT LA LETTRE, SUR CHINE; 8 figures in-12, par Desenne; 8 figures in-8, par Tony Johannot, 1829, AVANT LA LETTRE, SUR CHINE; 36 figures in-18, AVANT TOUTE LETTRE, SUR CHINE VOLANT.

250. LEGOUVÉ. Suite de 6 figures in-18 dont 1 frontispice, par Desenne, pour le *Mérite des Femmes. Paris, Janet*, 1821.

> Épreuves AVANT LA LETTRE SUR PAPIER VÉLIN, à toutes marges.
> On y a ajouté un portrait de Legouvé par Chasselat, gravé par Bertonnier, 1827, 3 épreuves AVANT LA LETTRE SUR PAPIER DE CHINE; à toutes marges.

251. Le Sage. Suite de 100 figures in-8, par Bornet, Charpentier et Duplessi-Bertaux, gravées sous la direction de Hubert, pour *Gil Blas*. Paris, *Didot jeune*, 1795.

Épreuves remontées avec soin.

252. — Suite de 1 portrait par Lingée et de 28 figures in-18 par Monnet, gravées par Bovinet, Dambrun, Duparc, Godefroy, etc. pour *Gil Blas*. Paris, *Chaigneau*, 1796.

Épreuves AVANT LA LETTRE, sur PAPIER VÉLIN, à toutes marges, destinées à l'édition in-8, avec la tomaison dans le haut de la planche.

253. — Suite de 12 figures in-8 par Marillier, gravées par Villerey, pour *Gil Blas*. Paris, *Bertin*, 1797.

Épreuves AVANT LA LETTRE sur PAPIER VÉLIN, à toutes marges.

254. - - Suite de 9 figures in-8 par Desenne, gravées par Bein, Lignon, Pigeot, Coupé, etc. pour *Gil Blas*. Paris, *Lefèvre*, 1820.

Épreuves AVANT LA LETTRE SUR PAPIER VÉLIN, à toutes marges.

255. — Suite de 24 figures in-12 par Smirke, pour *Gil Blas*. London, *Hurst and Robinson*, 1822.

Épreuves sur PAPIER DE CHINE, tirées in-folio.

256. — Suite de 20 figures grand in-8, de Gavarni, gravées par Colin, Willmann, Nargeot, Outhwaite, etc. pour *Gil Blas*. Paris, *Morizot*, 1862.

Épreuves sur CHINE, à toutes marges.

257. — Réunion de 79 figures par Marillier, Desenne, Devéria, Corbould, etc. pour *Gil Blas*, le *Diable boiteux*, etc.

Les figures et vignettes de Desenne sont AVANT LA LETTRE et quelques-unes à l'état d'EAUX-FORTES.

258. Longus. Suite de 9 figures in-4 par Gérard et Prudhon, pour *Daphnis et Chloé*. Paris, *Didot*, 1800.

Belles épreuves AVANT LA LETTRE SUR PAPIER VÉLIN, la lettre sur papier de soie, à toutes marges.
Les 3 figures de Prudhon sont accompagnées d'une preuve sur PEAU DE VÉLIN, également AVANT LA LETTRE.

259. — Suite de 6 gravures in-8 d'après Prudhon, Gérard, Hersent et Albrier, pour *Daphnis et Chloé*. Paris, *Janet*, s. d.

Épreuves AVANT LA LETTRE dont 4 sur CHINE et 2 sur PAPIER VÉLIN, tirées in-4, à toutes marges.

260. — Suite de 6 figures in-8 par Prudhon, Gérard, Hersent et Albrier, pour *Daphnis et Chloé*. Paris, *Janet*, s. d. — Suite de 9 figures in-8 par Gérard et Prudhon, gravées au trait par Normand, Devilliers, Lingée, Le Bas, pour le même ouvrage. — Ens. 15 pièces.

La première suite est en épreuves AVANT LA LETTRE. Une des gravures est plus courte.
La seconde suite est une réduction des figures de l'édition in-4 de 1800.

261. MILLE ET UNE NUITS. Réunion de 86 figures par Marillier, Chasselat, David, Markl, Wattier et Gavarni.

28 figures in-8 par Marillier, tirées des *Contes orientaux*; 21 figures in-8 par Chasselat, pour l'édition de *Paris, Collin de Plancy*, 1822. AVANT LA LETTRE, sur CHINE; 4 titres gravés avec vignettes et 10 figures sur acier par David et Markl, pour l'édition *Pourrat*; 3 titres gravés pour l'édition *Furne*; 20 figures in-8 par Wattier et Gavarni, pour l'édition *Morizot*.

262. — Réunion de 71 figures anglaises, par Smirke, Corbould, Westall, etc.

24 figures in-8 par Smirke, pour l'édition de *Londres, Miller*, 1802; 6 figures in-8 par Smirke, pour l'édition de *Londres, Longmann*, 1810, épreuves sur CHINE avec la LETTRE GRISE; 18 figures in-18 par Corbould pour l'édition de *Londres, Cooke*, 1799; 12 figures in-18 par Westall, AVANT TOUTE LETTRE; 11 figures et portrait divers, dont 3 AVANT LA LETTRE.

263. MILTON. Réunion de 57 figures anglaises par Burney, Westall, Turner, Devéria, etc., pour le *Paradis perdu*, édition de *Londres*, 1800, 1816 et 1835, etc.

Quelques épreuves AVANT LA LETTRE.

264. MOLIÈRE. Suite de 33 figures in-8 par Moreau le jeune, gravées par Simonet, Baquoy, Leveau, Duclos, etc., pour les *Œuvres. Paris*, 1773.

Première suite de Moreau.
Épreuves coupées au cadre, et soigneusement remontées.

265. — Suite de 1 portrait, gravé par A. de Saint-Aubin et de 30 figures in-8, par Moreau le jeune, gravées par Bosq, de Ghendt, Roger, Simonet, etc., pour les *Œuvres. Paris, Renouard*.

Seconde suite des figures de Moreau.
Épreuves à toutes marges; l'une des figures, celle de *Don Juan*, est sur CHINE.

266. — Suite de 1 portrait, par Fragonard, gravé par Lignon et de 18 gravures in-8, par H. Vernet, Vallard, Devéria, etc., gravées par Prévost, Bein, Müller, etc., pour les *Œuvres. Paris, Desoer*, 1819-1825.

Suite rare.
Belles épreuves AVANT LA LETTRE, sur PAPIER DE CHINE, à toutes marges.

267. MOLIÈRE. Suite de 1 portrait et de 20 figures in-8 par Desenne, gravées par L. Petit, Lefèvre, Larcher, Goulu, etc., pour les *Œuvres. Paris, Ménard et Desenne, 1822.*

Épreuves AVANT LA LETTRE, SUR PAPIER DE CHINE, à toutes marges.

268. — Suite de 1 portrait et de 18 figures in-8 par Desenne, gravées par Larcher, Bein, Adam, Bosq, Devilliers, etc., pour les *Œuvres. Paris, Lefèvre, 1824.*

Épreuves AVANT LA LETTRE, à toutes marges dont 15 SUR PAPIER DE CHINE, et 3 sur blanc.

269. — Réunion de 8 portraits de Molière gravés par Ficquet, Dequevauviller, Hopwood, Pollet, etc., et de 1 portrait d'Armande Béjart.

Ceux par Dequevauviller et Desenne sont AVANT LA LETTRE.

270. MOORE (Thomas). Suite de 1 portrait d'après Lawrence, gravé par Heath, 1 vignette de titre et 12 figures gr. in-8, par Corbould, Meadows, Stephanoff, pour *Lalla Rookh. Londres, Longman, 1838.*

Belles épreuves, AVANT LA LETTRE SUR CHINE, tirées in-folio.

271. — Suite de 1 titre gravé et ornementé par Becker (*Moore's Irish Melodies*) et 51 figures in-4, par Maclise pour les *Mélodies irlandaises. Londres, Longman, 1845.*

Belles épreuves, AVANT LA LETTRE SUR CHINE, tirées in-folio.

272. — Réunion de 62 figures par Westall, Corbould, Smirke, Brown, Stothart, Jones et Maclise, pour *Lalla Rookh*, les *Mélodies irlandaises*, etc.

8 figures in-8 par Westall pour *Lalla Rookh. London, Longman* 1817. — 8 figures in-12 par Corbould pour *Lalla Rookh. London, Arliss.* 1822. — 7 figures in-8 par Smirke pour *Lalla Rookh. London, Rodwell and Martin,* 1822. — 8 figures in-8 par Brown pour *Lalla Rookh. London, Stroud.* — 7 figures in-12 par Westall pour les *Mélodies irlandaises. London, Kuigue,* 1824. — 7 figures par Stothard pour les *Mélodies irlandaises. London, Jennings* 1874. — 10 vignettes et 9 figures in-8 (par Jones et Maclise) pour les *Œuvres poétiques*, épreuves AVANT LA LETTRE sur CHINE, tirées in-folio.

273. PANORAMA de Champigny, par Detaille. 8 pl. en photogravure, in-fol. max. dans un carton.

274. PORTRAITS. The Christian Graces in olden time. A series of femal portraits. *London, Bogue, 1852,* in-8, portr. cart. perc. bleue, fers spéciaux, tr. dor.

275. RACINE. Suite de 12 figures in-8 par Le Barbier pour les *Œuvres. Paris, Didot, 1796.*

Épreuves à toutes marges.

276. RACINE. Suite de 57 figures in-4, dont 1 frontispice, par Prudhon, Moitte, Gérard, etc. pour les *Œuvres*. *Paris, Didot, an IX* (1801).

> Épreuves AVANT LA LETTRE, sur PAPIER VÉLIN, à toutes marges.

277. — 5 (sur 7) fleurons de titres et suite de 12 figures in-8 par Steph. Bart. Garnier, gravées par Choffard, pour les *Œuvres. Paris, Le Normand*, 1807.

> Les 12 figures sont en épreuves AVANT LA LETTRE (le nom de la pièce en tête).
> Pièces à toutes marges.

278. — Suite de 12 figures in-8 par Moreau pour les *Œuvres. Paris, Raymond et Ménard*, 1811.

> Première suite de Moreau.
> Épreuves avec marges.

279. — Suite de 1 portrait par Saint-Aubin et 12 figures in-8 par Moreau pour les *Œuvres. Paris, Renouard*.

> Deuxième suite de Moreau.

280. — Suite de 57 figures in-8 par Calme, gravées au trait par Normand fils et Mme Soyer, pour les *Œuvres. Paris*, 1812.

> Épreuves à toutes marges.

281. — Suite de 1 portrait et 12 figures in-12 par Desenne pour les *Œuvres. Paris, Ménard et Desenne*, 1819. (De la *Bibliothèque française*.)

> Épreuves sur CHINE, AVANT LA LETTRE, montées sur papier vélin in-8.

282. — Suite de 12 figures par Moitte, Gérard, Desenne, Girodet, Chaudet, pour les *Œuvres. Paris, Lefèvre*, 1822.

> Pièces à toutes marges.

283. — Réunion de 11 portraits par Devéria, Hopwood (3 différents), Santerre (gravé par Gaucher et Dupréel), Saint-Aubin, Santerre gravé par Savart, Marillier et Desenne.

> Celui par Devéria, gravé par Hopwood est en 2 états : avec et AVANT LA LETTRE.

284. REGNARD. Réunion de 38 figures et portraits par Moreau, Borel, Desenne, Ficquet, etc.

> 7 figures in-8 par Moreau, 1786 ; 1 portrait et 12 figures in-8, par Borel, 1789 ; 13 figures in-8 par Desenne pour les *Œuvres. Paris, Dufart*, épreuves sur CHINE, tirées in-4 ; 5 portraits, dont 1 par Ficquet, 1776, d'après Rigaud, épreuve avec marge.

M. B. 3

285. Saint-Pierre (Bernardin de). Suite de 10 figures in-8, dont 4 par Girodet, Prudhon, Isabey, Moreau, Lafitte, gravées par Roger, Dambrun, Delignon, de Longueil et de Saulx, pour *Paul et Virginie*, et 2 par Desenne, gravées par Pigeot et Müller, pour la *Chaumière indienne*, (pour les *Œuvres*). *Paris, Méquignon-Marvis*, 1818.

> Épreuves AVANT LA LETTRE, sur PAPIER VÉLIN, à toutes marges.
> Réduction des figures de l'édition grand in-4 de *Didot l'aîné*, 1806.

286. — 22 figures d'après H. Corbould pour *Paul et Virginie* et la *Chaumière indienne*.

> 1° Suite de 10 figures in-8, gravées par G. Corbould, Englehcart et Lefèvre, pour les *Œuvres. Paris, Lequien*, 1830 (9 pièces pour *Paul et Virginie* et 1 pour la *Chaumière indienne*), épreuves AVANT LA LETTRE. On y a ajouté 3 vignettes AVANT LA LETTRE, gravées par G. Corbould et Bein.
> 2° 9 figures in-18 gravées par G. Corbould pour l'édition *Lefèvre*, 1828-1829 (5 pour *Paul et Virginie* et 4 pour la *Chaumière indienne*), épreuves AVANT LA LETTRE, sur PAPIER DE CHINE.
> Pièces à toutes marges.

287. — Réunion de 17 figures par Desenne, Mme Fauchery, Westall, etc., pour *Paul et Virginie* et la *Chaumière indienne*.

> 6 figures in-12 par Desenne, 1823; 4 vignettes par Mme Fauchery; 7 figures anglaises.
> Épreuves AVANT LA LETTRE, sur CHINE, à toutes marges.

288. Scott (Walter). Suite de 84 jolies vignettes par Alfred et Tony Johannot, pour orner les titres des *Œuvres. Paris, Gosselin et Sautelet*, 1827-1833.

> Épreuves AVANT LA LETTRE, sur PAPIER DE CHINE, à toutes marges.

289. — Suite de 21 figures dont 1 titre in-8, gravées par Wallis, Kernot, Wilmore, etc., d'après Catermole, pour les *Œuvres. Paris, Desenne* 1855, et *Londres, Longman*.

> Épreuves du PREMIER TIRAGE, sur PAPIER DE CHINE, avec la légende imprimée sur papier teinté.

290. — Suite de 35 figures in-8 par Cruikshank, pour les *Romans. London, Fisher*, 1841.

> Jolies figures humoristiques.

291. — Suite de 50 figures gr. in-8 par les meilleurs artistes anglais, pour les *Œuvres. Edinburgh, Adam et Black*, 1852-1853.

> Superbes épreuves sur CHINE, tirées in-folio sur papier VÉLIN FORT.

292. Scott (Walter). OEuvres. Suite de 96 figures d'après les peintres les plus célèbres de l'Angleterre. *Londres, Moon, Boys et Graves,* s. d. in-fol. en feuilles dans 1 carton.

Figures AVANT LA LETTRE, SUR CHINE.

293. — Suite de 1 frontispice et 6 figures in-8, d'après Westall, gravées par Engleheart, Heath, Golding, etc., pour *The Lady of the Lake. London, John Sharpe,* 1811.

Épreuves sur papier de Chine, non rognées.

294. — Suite de 1 frontispice et de 6 figures in-8 par Thomas Stothard, gravées par Heath, Engleheart et Finden, pour *Rokeby. London, Longman,* 1813.

Belles épreuves sur CHINE tirées IN-FOLIO.

295. — Suite de 1 frontispice et de 6 figures in-8 par Richard Westall, gravées par Heath et Engleheart, pour *Lord des Isles. London, Longman,* 1815.

Belles épreuves sur CHINE, tirées IN-FOLIO.

296. — Suite de 10 figures in-8, par Smirke, gravées par Mitchell, Watt, Heath et Portbury, pour les *Poésies. London, Hurst et Robinson,* 1823.

Épreuves AVANT LA LETTRE, SUR PAPIER DE CHINE, tirées IN-FOLIO.

297. Suite de 24 figures grand in-8, par Turner, gravées par Goodall, Cooke, Horsburg, etc., pour les *OEuvres poétiques. Edinburgh, Cadell and Moon,* 1833.

Belles épreuves sur PAPIER FORT.

298. — Landscape illustrations of the Wawerley novels, with descriptions of the views. *London, Till,* 1832, 2 vol. in-8, fig. cart. perc. verte, tête dor. ébarbé.

299. — Illustrations of the novels and tales of the author of Wawerley : a series of portraits of eminent historical characters introduced in those works, accompanied with biographical notices. *London, Evans,* 1832, 32 portraits en 8 fasc. in-8, br. couverture.

32 portraits accompagnés de notices biographiques.

300. — Portraits of the principal female characters in the Waverley novels ; to which are added landscape illustrations. *London, Till, Chapman,* 1832-1833, in-4, en feuilles.

36 portraits et 4 vues avec titre et table et 1 f. de texte pour chaque pièce.

301. Scott (Walter). Portraits of the principal female characters in the Waverley novels; to wich are added landscape illustrations. *London, Till*, 1834, in-8, figures sur acier,
demi-rel. bas. verte, tr. dor.

302. — Galerie des Femmes de Walter Scott. 42 portraits,
accompagnés chacun d'un portrait littéraire. *Paris, Dupont,
Marchant*, 1839, gr. in-8, portr. demi-rel. v. bleu.

303. — The Waverley Gallery of the principal female characters in sir Walter Scott's romances, from original paintings
by eminent artists engraved under the superintendance of
Ch. Heath. *London, Bogue*, 1855, in-8, portraits sur acier,
chag. brun, dos orné, dent. tr. dor.

304. — Réunion de 178 figures exécutées par les meilleurs
artistes anglais.

13 figures in-4 par Allan. *Edinburg, Constable*, 1820, épreuves sur
CHINE. — 4 titres gravés et 45 figures in-8 par Westall, Corbould, Leslie.
London, Hurst-Robinson, 1821-1824. — 6 figures in-8 par Richter, Corbould,
Whright. *London, Jennings*, épreuves AVANT LA LETTRE, SUR PAPIER VÉ-
LIN in-4. — 2 titres gravés et 18 figures in-8 par Westall et Cook. *London,
Longmann-Sharpe*, 1810-1811. — 6 figures in-8 par Stothard, Corbould,
Richter, pour *Guy Mannering*, épreuves AVANT LA LETTRE, sur CHINE,
tirées in-4. — 7 figures in-8 par Westall, pour *Ivanhoë*. *London, Robinson*,
1820, épreuves sur CHINE, in-4. — 6 figures in-8 par Cook, pour la *Dame du
Lac. Longmann*, 1811, épreuves sur CHINE, tirées in-4. — 12 figures in-8
par Singleton, pour *Marmion. Edinburg, Constable*, 1820, épreuves sur
CHINE, tirées in-4. — 1 titre gravé et 16 vues d'après Nasmyth, décrites dans
les Romans. *Edinburg, Constable*, 1824, épreuves sur CHINE, tirées in-4. —
1 titre gravé et 7 figures in-8 par Westall pour *Glenfinlas*, etc. *London,
Sharpe*, 1821. — 7 figures in-8 par Stothard, pour les *Tales of my Landlord.
London, Rodwell*, 1820. — 6 vignettes par Slous, pour *Woodstock*. —
20 portraits de Walter Scott.

305. — Réunion de 189 figures anglaises.

35 figures in-8 par les meilleurs artistes anglais (*London, Till*, 1834). —
1 portrait et 72 figures in-8 par Turner et Melville. *London, Fisher*, 1837. —
31 figures in-8 par Westall, Stothard, Corbould, etc. *London, Robinson*,
épreuves sur CHINE. — 25 vignettes de vues, tirées des *Waverley novels*
avec un passage du texte. — 1 titre gravé avec vignettes et 8 figures in-8
par Corbould, pour les *Œuvres poétiques*, épreuves sur CHINE. — 16 figures
diverses.

306. — Réunion de 366 figures, titres, portraits et vues, par
les artistes français, pour les traductions publiées par *Furne,
Gosselin, Perrotin, Pourrat.*

30 titres in-8 gravés avec vignettes, édition *Furne, Gosselin, Perrotin*,
1835, à toutes marges. — 30 titres gravés avec vignettes, in-8, édition
Furne, Gosselin, 1839, épreuves rognées. — La même suite de 30 titres,
épreuves sur PAPIER VÉLIN FORT in-4. — 30 figures in-8 de la suite de A. et
T. Johannot, édition *Furne*. — 24 figures de la même suite, épreuves sur
CHINE, tirées in-4. — 75 figures in-8 de la suite de Desenne, édition *Gosse-*

lin, épreuves sur CHINE, quelques-unes AVANT LA LETTRE. — 24 titres gravés avec vignettes, 36 figures in-8, 10 portraits et 7 gravures sur bois, édition *Pourrat.* — 25 figures in-8 par Raffet. — 15 vues, édition *Furne,* 1832. — 30 portraits d'héroïnes, publiés par le même éditeur.

307. SHAKESPEARE. Suite de 1 titre et 40 figures in-4, par Stothard et Smirke, gravés par Taylor, pour les Œuvres. *Londres, Taylor's,* 1784.

> Épreuves à toutes marges.

308. — Suite de 1 portrait et 59 figures grand in-8 par Banks, Smirke, Kauffmann, Peters, Ramberg, Hamilton, etc., gravés à Lörrach et à Bâle par Mechel, H. Partout, L'Épine, Baehrenstecher, etc., pour les *Œuvres. S. l. n. d.*

> Suite curieuse. Épreuves à toutes marges.

309. — Suite de 40 figures in-8 par Rolls, Bacon, etc., pour les *Œuvres. Londres, Dove,* 1829.

> Épreuves sur CHINE, AVANT LA LETTRE.

310. — Suite de 1 titre, 2 portraits, 3 frontispices et 35 figures grand in-8, gravés sur acier et sur bois par Kenny Meadows, pour les *Œuvres.* Édition Barry Cornwall. *Londres, s. d.*

311. — Suite de 1 titre et 41 figures à compartiments, in-8, gravés par Geoffroy, Sisco, Conteneau, Blanchard, Rouargue, Audibran, etc., pour les *Œuvres. Paris, Baudry,* 1844.

> Jolie suite.
> Piqûres d'humidité.

312. — Sketches for Shakespear's plays designed and drawn by Lewis Sigismund Ruhl. *Paris, Brockhaus, s. d.* in-4, fig. au trait, demi-rel. bas. r.

> Taches d'humidité.

313. — The Shakspeare Gallery, containnig the principal female characters in the plays of the great poet engraved from drawings by the first artists under the disertion of M. Charles Heath. *London, Bogue, s. d.* in-8, portraits sur acier, chag. vert, dos orné, dent. tr. dor.

314. — Galerie des personnages de Shakespeare reproduits dans les principales scènes de ses pièces... par A. Pichot et Old Nick (Em. Forgues). *Paris, Baudry,* 1844, in-4, fig. en feuilles.

> Exemplaire sur GRAND PAPIER, avec les figures sur CHINE, AVANT LA LETTRE.

315. SHAKESPEARE. Réunion de 123 figures par Fauchery, Meadows, Jenkins, Smirke, Westall, etc.

1 portrait et 13 figures in-8, par Fauchery (*Paris, Marchant*). — 42 portraits in-8 des *Héroïnes*, par Meadows, Jenkins, etc. (*Paris, Delloye*, 1838). — 51 figures in-8 par Smirke, Westall, etc. (*London, Virtue*). — 16 figures diverses, dont quelques-unes AVANT LA LETTRE.

316. — Réunion de 240 figures par Thurston, Smirke, Stephanoff, Leslie, Corbould, Westall, Stothard, etc.

1 portrait, 12 titres gravés et 37 figures in-8, par Thurston (*London, Tegg*, 1816), épreuves sur CHINE. — 45 figures in-8, par Smirke (*London, Rodwell et Marten*, 1821). — 30 figures in-8 par Stephanoff, Smirke, Leslie, Corbould, etc. (*London, Jennings et Robinson*, 1826). — 19 figures in-8 de Westall, Stothard (*Londres*, 1834). — 1 portrait, 1 titre gravé et 49 figures in-8 par Smirke, Westall, Stothard (*London, Virtue*). — 45 portraits in-4 des *Héroïnes* (*London, Bogue*, 1846), épreuves tirées in-folio.

317. SWIFT. SUITE DE 10 FIGURES in-18 par Lefèvre, gravées par Masquelier, pour les *Voyages de Gulliver*. Paris, Didot, 1797.

Épreuves AVANT LA LETTRE, à toutes marges.

318. — SUITE DE 10 FIGURES in-18 par Lefèvre, gravées par Masquelier, pour les *Voyages de Gulliver*. Paris, Didot, 1797.

Épreuves en 2 états : AVANT LA LETTRE et EAUX-FORTES; remontées. On y a ajouté 10 figures et portraits par Marillier, Uwins, Ficquet, etc.

319. — Suite de 16 figures in-8 par Gavarni, pour les *Voyages de Gulliver*. Paris, Fournier, 1838.

320. TRESSAN. Suite de 1 portrait et 20 figures in-8 par Marillier, pour les *Œuvres*. Paris, Basan, 1787.

Épreuves à toutes marges.

321. VIRGILE. Suite de 17 figures grand in-8, par Moreau et Zocchi, gravées par Baquoy, Dambrun, Delignon, Halbou, etc., pour les *Œuvres*, traduction Desfontaines. *Paris, Plassan*, 1796.

Épreuves sur papier vélin, tirées in-4, à toutes marges.

322. — Réunion de 46 figures par Moreau, Girodet, Gérard, A. Johannot, Warren, etc.

4 figures in-8, par Moreau, gravées par Baquoy, pour l'*Énéide*. *Paris, Gigues et Michaud*, 1804. — 5 figures in-8, par Moreau, Girodet et Gérard, épreuves AVANT LA LETTRE, sur CHINE. — La même suite, même état. — 15 figures in-8, gravées par Fittler, Sharpe, Neagle, d'après Girodet. — 1 portrait et 4 figures in-12, par A. Johannot. *Paris, Furne*. — 12 figures diverses.

323. VOLTAIRE. 1 frontispice et 10 vignettes têtes de pages, par Eisen, pour la *Henriade*. Paris, Duchesne, Saillant, 1770, in-8.

TIRAGE A PART des vignettes, en belles épreuves à toutes marges.

324. VOLTAIRE. Suite de 44 figures in-8 par Moreau le jeune, gravées par Simonet, Dambrun, Trière, Le Veau, etc., pour le *Théâtre*, tirée de l'édition des *Œuvres. Kehl*, 1783-89.

> De la première suite de Moreau.
> Épreuves à toutes marges.

325. — Suite de 44 figures in-8, par Moreau le jeune, gravées par Simonet, Nicollet, Ribault, Godefroy, etc., pour le *Théâtre*, tirée de l'édition des *Œuvres. Paris, Renouard*, 1802.

> De la seconde suite de Moreau.
> Épreuves à toutes marges.

326. — Réunion de 137 figures et portraits par Moreau, Saint-Aubin et Desenne.

> 50 figures et portraits in-8, par Moreau avec titre gravé (*Estampes destinées à orner les éditions de M. de Voltaire*), épreuves à toutes marges. — 1 portrait et 10 figures in-8 par Moreau, 1782, pour la *Henriade*, et 5 figures du même artiste, tirage moderne par *Furne*. — 11 figures in-8 par Moreau, 1779, pour la *Henriade*. — 36 figures in-8, par Desenne, pour les *Œuvres. Paris, Ménard et Desenne*. — 6 portraits in-8, publiés par *Furne*. — 19 portraits de Voltaire, par Marillier, Bertonnier, De Launay, Desenne, etc. — 7 figures diverses par Desenne, Chataignier, Devéria, pour la *Henriade*.

327. WHORTHINGTON. Portraits of the sovereigns of England, engraved from the best authorities. *London, Pickering*, 1824, 36 portraits in-4 avec titre et table, en feuilles.

Paris. — Typ. G. Chamerot, 19, rue des Saints-Pères. — 24161.

www.ingramcontent.com/pod-product-compliance
Ingram Content Group UK Ltd.
Pitfield, Milton Keynes, MK11 3LW, UK
UKHW020053100726
13658UKWH00004B/1722